Eraldo Ponchet

Construindo o Futuro

Finanças Pessoais

Eraldo Ponchet

Construindo o Futuro

Finanças Pessoais

1º Edição

Lauro de Freitas - Ba

Edição do autor: Eraldo Ponchet

Junho de 2023

Dedicatória

Este livro é dedicado a todos aqueles que têm a coragem e a experiência de construir um futuro financeiro sólido. Aqueles que buscam conhecimento e compreensão para alcançar a independência financeira, fornecem segurança para si e para suas famílias, e realizam seus sonhos mais ousados.

Aos incansáveis empreendedores que enfrentam desafios e adversidades, mas que nunca perdem de vista a importância de cuidar de suas finanças pessoais. Aos estudantes e jovens profissionais que estão dando seus primeiros passos em direção a uma vida financeiramente estável e abundante. Aos pais que desejam deixar um legado de educação financeira para seus filhos. E a todas as pessoas que acreditam que é possível ter o controle de suas finanças e criar um futuro próspero.

Que este livro seja uma fonte de inspiração e orientação, fornecendo ferramentas valiosas para construir uma base financeira sólida. Que ele ilumina o caminho e desperte o potencial que cada um carrega dentro de si.

Meu mais profundo agradecimento a todos aqueles que me encorajaram e apoiaram nesta jornada. Aos mentores e especialistas em finanças pessoalmente que compartilham seu conhecimento valioso. E a você, leitor, por dar uma chance a este livro e por acreditar na importância do autodesenvolvimento financeiro.

Que juntos podemos transformar nossas vidas e construir um futuro próspero, onde a liberdade financeira seja uma realidade para todos. Que este livro seja o ponto de partida para uma jornada de sucesso em Finanças Pessoais.

Com gratidão,

Eraldo Ponchet

Agradecimento

Gostaria de expressar a minha profunda gratidão e reconhecimento a todas as pessoas que toleram a realização deste livro, "Construindo o Futuro: Finanças Pessoais". É com grande alegria e humildade que dedico este momento de agradecimento.

Em primeiro lugar, quero expressar minha imensa gratidão a Deus, por Sua orientação, inspiração e bênçãos ao longo desta jornada. Sua presença em minha vida e Sua sabedoria me fortaleceram e me deram a clareza necessária para transmitir conhecimentos valiosos sobre finanças pessoais aos leitores.

À minha amada esposa, Maria José Ponchet, quero agradecer por seu amor incondicional, apoio inabalável e compreensão durante todo o processo de criação deste livro. Seu encorajamento constante e sua dedicação foram fundamentais para que eu pudesse dedicar meu tempo e energia a este projeto. Sua presença é uma fonte constante de motivação e inspiração em minha vida.

Aos meus filhos, Fernanda Luiza e Fernando Leopoldo Ponchet, agradeço por serem minha maior fonte de alegria e orgulho. Sua presença em minha vida é um combustível constante do propósito e significado que busco ao compartilhar meu conhecimento com os outros. Que vocês continuem a buscar sabedoria e proteção em todas as áreas de suas vidas.

Aos nossos leitores, agradeço de coração por sua confiança em meu trabalho e por dedicarem seu tempo e atenção a este livro. Espero sinceramente que as informações compartilhadas aqui possam ajudá-los a construir um futuro financeiro sólido e alcançar seus objetivos pessoais. Seus comentários, críticas construtivas e apoio contínuo são valorizados administrativamente.

Agradeço a todos vocês por fazerem parte desta jornada e por acreditarem na importância das finanças pessoais como uma ferramenta poderosa para a construção de um futuro próspero.

Que este livro possa ser uma fonte de inspiração, orientação e motivação para todos que o lerem.

Com gratidão,

Eraldo Ponchet

Prefácio

Bem-vindo a "Construindo o Futuro: Finanças Pessoais". Este livro foi cuidadosamente elaborado para ser seu guia confiável no mundo das finanças pessoais, com o objetivo de capacitá-lo a construir uma base sólida para um futuro financeiro próspero.

A gestão financeira é uma habilidade essencial que todos nós devemos dominar, independentemente de nossa idade, origem ou situação econômica atual. No entanto, muitas vezes, nos encontramos perdidos em meio a jargões financeiros complicados e confusos sobre como tomar as melhores decisões para o nosso próprio bem-estar financeiro.

Neste livro, você encontrará informações claras, práticas e acionáveis que o ajudarão a desenvolver uma compreensão profunda das finanças pessoais e tomar as rédeas do seu futuro financeiro. Desde o estabelecimento de metas financeiras até a criação de um orçamento eficiente, desde o gerenciamento de dívidas até o investimento inteligente, você aprenderá os fundamentos essenciais para tomar decisões decisivas e alcançar o sucesso financeiro.

Os capítulos a seguir o guiarão por uma jornada de aprendizagem, começando com a importância de desenvolver uma mentalidade financeira positiva e abrangendo uma ampla gama de carências cruciais. Exploraremos a arte de criar um orçamento sólido, controlar gastos e priorizar suas despesas. Abordaremos a importância de construir um fundo de emergência e gerenciar efetivamente suas dívidas. Também discutimos estratégias inteligentes de investimento e planejamento de aposentadoria, garantindo que você possa construir uma base financeira forte para o futuro.

Este livro foi escrito pensando em você - seja você um estudante universitário, um profissional em início de carreira, um empreendedor ou alguém que busca melhorar suas habilidades financeiras. As informações contidas nestas páginas são práticas, acessíveis e projetadas para capacitá-lo a tomar decisões financeiras sábias e construir uma vida financeira saudável e equilibrada.

A jornada para a liberdade financeira não é um caminho linear, mas um processo contínuo de aprendizado e ajuste. Com dedicação, paciência e perseverança, você pode alcançar o sucesso financeiro que deseja.

Esteja preparado para descobrir o poder de suas escolhas financeiras e como elas podem moldar seu futuro. Este livro é um recurso valioso que o acompanhará em cada passo dessa jornada. Agarre-o com entusiasmo e deixe-o ser seu guia confiável enquanto você constrói um futuro financeiro sólido.

Desejo a você uma leitura enriquecedora e, acima de tudo, espero que você possa aplicar os conhecimentos adquiridos neste livro para transformar suas finanças pessoais e construir o futuro que você merece.

Boa sorte em sua jornada!

Atenciosamente,

Eraldo Ponchet

Especialista em Finanças Pessoais

Indíce

Introdução

Capítulo 1: Criando um Orçamento Sólido

Capítulo 2: Coleta de informações financeiras: Entendendo sua Situação Financeira

Capítulo 3: Categorização de Despesas: Maximizando a Eficiência Financeira

Capítulo 4: Monitoramento Regular de Gastos: A Chave para o Controle Financeiro

Capítulo 5: Compreendendo a Importância do Orçamento

Capítulo 6: Controle de Gastos

Capítulo 7: Criar um orçamento eficiente

Capítulo 8: Calcule sua renda mensal

Capítulo 9: Acompanhamento e controle das finanças

Capítulo 10: Registre todas as transações financeiras

Capítulo 11: Esteja atento as datas de pagamento e vencimento

Introdução

Olá, queridos leitores!

Sejam bem-vindos a uma jornada repleta de emoções, descobertas e muita diversão. Estou empolgado em compartilhar com vocês a história de "O Tesouro de Midas: A Verdadeira Riqueza do Coração".

Você já ouviu falar do rei Midas? Contam as lendas que ele possuía um incrível tesouro capaz de transformar qualquer coisa em ouro. Mas será que o ouro era o verdadeiro tesouro? Será que existiu algo mais valioso?

Nesta história, vamos conhecer Fernando Leopoldo, um garoto corajoso e cheio de curiosidade. Um dia, enquanto explorava a biblioteca de sua cidade, ele descobriu um antigo livro que falava sobre o misterioso tesouro de Midas. Fascinado pela história, Fernando Leopoldo decide embarcar em uma aventura incrível para encontrar esse tesouro lendário.

Mas ao longo de sua jornada, Fernando Leopoldo descobrirá que a verdadeira riqueza não está no ouro, mas sim no coração. Ele encontrará amigos leais, como Sarah e Lucas, que se unirão a ele nessa busca emocionante.

Juntos, eles enfrentarão desafios e superarão obstáculos. Eles explorarão florestas encantadas, escalarão montanhas perigosas e encontrarão uma comunidade especial, onde aprenderão lições valiosas sobre a verdadeira riqueza.

Esta história é para crianças como vocês, cheias de imaginação e coragem. É uma história que vai nos ensinar sobre a importância da amizade, da generosidade e do amor. Vamos descobrir que pequenas ações podem fazer uma grande diferença e que, às vezes, o maior tesouro que podemos encontrar está dentro de nós mesmos.

Prepare-se para embarcar em uma aventura cheia de mistérios, risadas e momentos emocionantes. Vamos explorar lugares fantásticos e conhecer personagens incríveis que nos mostrarão o verdadeiro significado da riqueza.

Então, queridos leitores, abram as páginas deste livro e mergulhem nessa história encantadora. Vamos viajar juntos pelo mundo da imaginação e descobrir o Tesouro de Midas: a verdadeira riqueza do coração.

Divirtam-se!

Capítulo 1

Criando um Orçamento Sólido

No mundo agitado de hoje, criar um orçamento sólido e controlar suas finanças é mais importante do que nunca. É uma estratégia fundamental para alcançar a estabilidade financeira e construir uma base sólida para o futuro.

Primeiramente, um orçamento sólido é como um mapa financeiro que direciona suas despesas e receitas. Ele permite que você saiba exatamente quanto dinheiro está entrando e saindo, ajudando-o a planejar e gerenciar suas finanças com mais eficiência. Ao criar um orçamento, é essencial considerar todas as suas fontes de renda, como salário, freelances ou investimentos, bem como suas despesas regulares, como moradia, alimentação, transporte, contas e outras obrigações financeiras.

Ao estabelecer um orçamento, é importante definir limites de gastos realistas. Isso significa identificar áreas em que você pode reduzir despesas desnecessárias e direcionar mais recursos para suas prioridades financeiras. Por exemplo, se você deseja economizar para comprar uma casa ou fazer uma viagem, é necessário avaliar suas despesas atuais e considerar onde é possível fazer cortes inteligentes. Isso pode incluir gastos com entretenimento, comer fora ou compras supérfluas.

Além disso, controle suas finanças envolvendo manter um registro preciso de todas as suas transações financeiras. Existem várias ferramentas e aplicativos disponíveis atualmente que podem ajudar nesse processo, facilitando o acompanhamento de suas despesas e receitas. Ao registrar suas transações, você poderá identificar padrões de gastos e tomar decisões mais pesadas sobre como alocar seu dinheiro de forma eficiente.

Outro aspecto importante do controle financeiro é viver dentro de suas possibilidades. Isso significa evitar o endividamento excessivo e utilizar o crédito de forma responsável. Ao criar um orçamento sólido, você estará ciente de sua capacidade de pagamento e poderá evitar o acúmulo de dívidas desnecessárias. Caso já tenha dívidas, é essencial priorizá-las e trabalhar para eliminá-las o mais rápido possível, evitando juros e encargos adicionais.

Uma vez estabelecido o orçamento e o controle das finanças, é importante definir metas financeiras alcançáveis. Essas metas podem variar desde economizar para uma emergência até investir para a aposentadoria. Ao definir metas claras, você terá um objetivo tangível a ser alcançado, o que pode gerar motivação e direção em sua jornada financeira.

Em resumo, criar um orçamento sólido e controlar suas finanças são passos fundamentais para construir uma base financeira forte. Essas práticas ajudam a desenvolver uma compreensão mais profunda de suas finanças pessoais, permitindo que você tome decisões controladas e alcance seus objetivos financeiros. A disciplina e a consistência são essenciais nesse processo. Ao adotar hábitos financeiros saudáveis, você estará no caminho.

Criar um orçamento sólido e controlar suas finanças não se trata apenas de restrição, mas também de liberdade. Ao tomar decisões sobre seu dinheiro, você terá mais autonomia e segurança financeira. Lembre-se de que construir uma base financeira forte é um processo contínuo. Reavalie seu orçamento regularmente, ajuste-o conforme suas necessidades e celebre suas conquistas ao atingir suas metas financeiras.

Portanto, ao adotar um orçamento sólido e controlar suas finanças de maneira consciente, você estará construindo uma base financeira sólida que ajudará a alcançar seus objetivos e ter uma vida financeira mais e estável.

Capítulo 2

Coleta de informações financeiras: Entendendo sua Situação Financeira

Coletar informações financeiras é o primeiro passo para entender sua situação financeira atual. Essa etapa é essencial para construir uma base sólida ao lidar com suas finanças pessoais. Ao ter uma visão clara de sua situação financeira, você poderá tomar decisões mais inteligentes e eficazes em relação a suas metas financeiras.

Comece a organizar todos os seus documentos financeiros, como extratos bancários, faturas de cartão de crédito, recibos de renda, despesas fixas e variáveis, além de registros de investimentos e dívidas. Esses documentos fornecem informações cruciais sobre suas receitas, despesas, ativos e passivos.

Ao analisar suas receitas, identifique todas as fontes de renda que você possui, como salários, rendimentos de investimentos, aluguel de propriedades ou qualquer outra forma de ganho financeiro. Registre essas informações de maneira organizada para ter uma visão completa de sua renda mensal.

Em relação às despesas, categorize-as em diferentes áreas, como moradia, transporte, alimentação, lazer, serviços públicos, seguros, dívidas e outras despesas regulares ou externas. É importante ser minucioso e incluir todos os gastos, mesmo os pequenos, para obter uma visão precisa de sua situação financeira.

Ao revisar suas dívidas, identifique todas as obrigações financeiras, como empréstimos estudantis, financiamentos de carro, hipotecas, dívidas de cartão de crédito ou quaisquer outras dívidas pendentes. Registre o valor do saldo devedor, como taxas de juros e os prazos de pagamento para cada uma delas. Isso permitirá que você tenha clareza sobre suas obrigações financeiras e ajude a planejar estratégias para lidar com elas.

Além disso, avalie seus ativos financeiros, como contas bancárias, investimentos, imóveis ou quaisquer outros ativos de valor. Registre o valor atual de cada um deles para ter uma visão completa de seu patrimônio líquido.

Após coletar todas essas informações financeiras, é hora de analisá-las cuidadosamente. Calcule sua renda líquida mensal, subtraindo todas as despesas fixas e variáveis de suas receitas. Isso lhe dará uma ideia clara de quanto dinheiro você tem disponível para economizar ou investir.

Além disso, avalie sua taxa de endividamento, comparando o valor total de suas dívidas com sua renda líquida. Isso ajuda a determinar sua capacidade de pagamento e identificar áreas onde você pode reduzir gastos e acelerar a quitação de dívidas.

Ao entender sua situação financeira por completo, você estará melhor equipado para estabelecer metas realistas e criar um orçamento sólido. Você poderá identificar áreas onde precisa ajustar seus gastos, economizar mais ou investir para alcançar seus objetivos financeiros.

Aqui está um modelo prático para coletar essas informações de forma clara e compreensível:

Liste suas fontes de renda mensal:

- Anote todas as fontes de renda que você possui, como salário, freelances, aluguéis ou rendimentos de investimentos.
- Inclui o valor líquido de cada uma dessas fontes, ou seja, o montante após deduções de impostos ou outras contribuições.

Exemplo:

- Salário mensal: R$ 3.500
- Rendimento de Aluguel: R$ 400
- Rendimento de investimentos: R$200
- Total de renda mensal: R$ 4.100

Registre suas despesas regulares:

- Liste todas as despesas fixas escolares, como aluguel, hipoteca, contas de serviços públicos, bolsas estudantis ou pagamentos de carro.

- Inclui também despesas variáveis, como alimentação, transporte, entretenimento, saúde e educação.

Exemplo:

- Aluguel: R$1.000
- Contas de serviços públicos (água, eletricidade, internet): R$200
- Empréstimo estudantil: R$250
- Alimentação: R$400
- Transporte: R$ 200
- Entretenimento: R$150
- Saúde: R$100
- Educação: R$ 50
- Total de despesas regulares: R$ 2.350

Identifique suas dívidas:

- Liste todas as suas dívidas pendentes, como cartões de crédito, empréstimos pessoais ou financiamentos.
- Inclua o valor total devido e as parcelas paralelas.

Exemplo:

- Cartão de crédito: R$ 2.500 (parcela mensal de R$ 200)
- Empréstimo pessoal: R$ 5.000 (parcela mensal de R$ 300)
- Total de dívidas: R$ 7.500

Calcule seu saldo líquido:

- Subtraia suas despesas regulares e pagamentos de dívidas do total de renda mensal. Isso fornecerá uma visão clara de quanto dinheiro você tem disponível para outras despesas ou para economizar.

Exemplo:

- Total de renda mensal: R$ 4.100
- Total de despesas regulares: R$ 2.350
- Total de pagamentos de dívidas: R$ 500
- Saldo líquido: R$ 1.250

Com essas informações em mãos, você terá uma visão clara de sua situação financeira atual. Isso permitirá que você crie um orçamento realista e tome decisões sobre como gastar, economizar e investir seu dinheiro. Essas informações regularmente para manter seu orçamento sempre atualizado e adaptado às suas necessidades.

Capítulo 3

Categorização de Despesas: Maximizando a Eficiência Financeira

Ao categorizar suas despesas, comece analisando seus extratos bancários, faturas de cartão de crédito e recibos. Identifique as despesas recorrentes, como aluguel, hipoteca, pagamento de veículo e contas de serviços públicos. Essas despesas são essenciais e devem ser priorizadas.

Em seguida, analise seus gastos com alimentação. Separe as despesas relacionadas ao supermercado, refeições fora de casa, lanches e delivery. Essa categoria é impossível e oferece oportunidades de economia ao planejar suas refeições e optar por cozinhar em casa.

A categoria de transporte abrange gastos com combustível, transporte público, manutenção de veículos, seguro e pagamento de subsídios para veículos. Avalie se há opções mais aceleradas de transporte que sejam viáveis para você, como utilizar o transporte público, compartilhar caronas ou até mesmo adotar meios de transporte alternativos, como bicicleta.

Na categoria de lazer, incluindo gastos com entretenimento, viagens, hobbies, atividades sociais e assinaturas de serviços de streaming. Considere uma necessidade real de cada gasto e procure alternativas mais acessíveis, como aproveitar opções de lazer gratuitas ou compartilhar assinaturas com amigos ou familiares.

Não se esqueça de categorizar as despesas de saúde, como consultas médicas, medicamentos e seguros de saúde. Avalie se você está aproveitando os benefícios do seu seguro e pesquisando opções de medicamentos genéricos, que podem ser mais psicológicos.

A categoria de educação abrange mensalidades escolares, cursos, livros e materiais educacionais. Considere opções mais acessíveis, como cursos online gratuitos ou bibliotecas públicas para concessão de livros.

Ao categorizar suas despesas, é importante também reservar uma categoria para gastos imprevistos ou emergenciais. Ter uma reserva financeira para lidar com imprevistos é fundamental para garantir estabilidade financeira.

Uma vez que você categorizou suas despesas, analise cada categoria e avalie se há oportunidades de economia. Identifique áreas em que você pode reduzir gastos, seja buscando alternativas mais baratas, renegociando contratos ou eliminando despesas desnecessárias.

Ao fazer isso, você estará maximizando a eficiência financeira, direcionando seus recursos para áreas que são importantes para você. Essa abordagem consciente e estratégica ajudará você a alcançar suas metas financeiras e construir uma base sólida para o futuro.

A categorização de despesas é uma prática contínua. Revise suas categorias regularmente e ajuste-conforme necessário para refletir com precisão seus hábitos de gastos e prioridades financeiras em constante mudança.

Ao implementar esse modelo de categorização de despesas, você estará no caminho para uma gestão financeira mais eficiente, aproveitando ao máximo seu dinheiro e trabalhando na direção de uma vida financeira mais saudável e estável.

A categorização de despesas desempenha um papel fundamental na gestão eficaz das finanças pessoais. Ao agrupar seus gastos em categorias significativas, você cria uma estrutura organizada que permite uma análise mais detalhada de como seu dinheiro está sendo utilizado. Essa prática facilita a identificação de áreas onde você pode economizar e tomar decisões sustentáveis para otimizar seus gastos.

Uma das categorias mais importantes é a moradia. Isso inclui despesas com aluguel, hipoteca, condomínio, serviços públicos e manutenção da residência. Ao analisar suas despesas nessa categoria, você pode avaliar se está gastando uma proporção razoável de sua moradia com. Caso contrário, é possível considerar opções de redução de custos, como buscar uma moradia mais acessível ou renegociar o valor do aluguel.

O transporte é outra categoria significativa. Ela engloba gastos com veículos, como pagamento de financiamento, seguro, combustível, manutenção e transporte público. Ao categorizar suas despesas nessa área, você pode identificar oportunidades para economizar, como reduzir o uso de carro particular ou optar por meios de transporte mais universitários, como bicicleta ou transporte público.

A categoria de alimentação é fundamental para entender seus hábitos de gastos relacionados à comida. Inclui compras de supermercado, refeições em restaurantes, lanches e delivery. Ao analisar essas despesas, você pode identificar áreas onde pode economizar, como preparar refeições em casa, evitar comer fora com frequência ou buscar promoções e descontos em supermercados.

O lazer é uma categoria que abrange atividades recreativas e entretenimento. Isso pode incluir cinema, viagens, saídas para bares e restaurantes, ingressos para eventos esportivos ou culturais, entre outros. Ao categorizar suas despesas de lazer, você pode avaliar se está equilibrando suas prioridades financeiras e identificar oportunidades para economizar, como escolher opções de entretenimento mais acessíveis ou buscar promoções e descontos.

Outra categoria relevante é a saúde. Isso inclui despesas com planos de saúde, consultas médicas, medicamentos, terapias e cuidados com a saúde em geral. Ao analisar essas despesas, você pode avaliar se está alocando recursos adequados para manter sua saúde e bem-estar. Além disso, é importante considerar opções de seguro de saúde que sejam adequadas às suas necessidades e orçamento.

A categoria de educação engloba gastos relacionados a cursos, treinamentos, mensalidades escolares e materiais educacionais. Ao categorizar suas despesas nessa área, você pode avaliar se está investindo em seu desenvolvimento educacional e identificar oportunidades para economizar, como buscar bolsas de estudo, opções de cursos mais acessíveis ou programas de treinamento patrocinados pelo empregador.

Essas são apenas algumas das categorias comuns de despesas pessoais. No entanto, você pode se adaptar às categorias de acordo com suas necessidades e circunstâncias específicas. O importante é ter uma estrutura organizada que permita uma análise detalhada de seus gastos.

Ao categorizar suas despesas, é possível visualizar claramente como seu dinheiro está sendo utilizado e identificar áreas em que você pode economizar. Isso permite tomar decisões sobre como alocar seu dinheiro de forma mais eficiente, priorizando suas metas financeiras e atendendo a gastos desnecessários.

Portanto, ao categorizar suas despesas de forma significativa, você estará construindo uma base sólida para uma gestão financeira eficaz e estará mais preparado para alcançar suas metas financeiras de longo prazo.

Ao iniciar a categorização, comece com categorias básicas, como moradia, transporte, alimentação, saúde, educação, lazer, vestuário e despesas domésticas. Essas categorias são comuns e fornecem uma base sólida para entender onde seu dinheiro está sendo gasto. No entanto, é importante lembrar que essas categorias podem variar de pessoa para pessoa.

Exemplos de categorias de despesas:

1. Moradia:

    - Aluguel ou pagamento de hipoteca.
    - Contas de serviços públicos (água, eletricidade, gás).
    - Taxas de condomínio ou manutenção.

2. Transporte:

    - Combustível e manutenção do veículo.
    - Passagens de transporte público.
    - Pagamentos de financiamento de carro ou leasing.

3. Alimentação:

- Compras de supermercado.
- Refeições em restaurantes ou delivery.
- Lanches e café fora de casa.

4. Lazer:

- Entretenimento (cinema, shows, eventos esportivos).
- Assinaturas de streaming (Netflix, Spotify, etc.).
- Atividades recreativas e hobbies.

5. Saúde:

- Consultas médicas e medicamentos.
- Seguro de saúde.
- Mensalidades de academia ou esportes.

6. Educação:

- Mensalidades escolares ou universitárias.

- Cursos de aperfeiçoamento profissional.

- Material didático e livros.

Ao categorizar suas despesas, você tem a oportunidade de personalizar e adaptar as categorias de acordo com sua situação financeira e pessoal. Não há uma abordagem única que se aplique a todos, pois cada pessoa tem circunstâncias financeiras únicas e prioridades diferentes. É essencial criar categorias que reflitam sua realidade financeira e facilitem o acompanhamento e controle de seus gastos.

À medida que você analisa suas despesas, pode ser útil criar categorias adicionais específicas para suas necessidades. Por exemplo, se você tem animais de vigilância, pode incluir uma categoria de "Despesas com Animais" para abranger cuidados veterinários, alimentos e veículos. Se você pratica hobbies ou atividades esportivas, pode adicionar uma categoria específica para esses gastos.

Além disso, você pode considerar categorias como economia, investimentos, dívidas e emergências. Ter essas categorias proteger você a monitorar seu progresso em relação a metas financeiras específicas, como economizar uma porcentagem definida de sua renda ou pagar suas dívidas de forma mais eficiente.

Você pode se adaptar e ajustar suas categorias ao longo do tempo. À medida que sua situação financeira muda e suas prioridades se alteram, você pode adicionar novas categorias, mesclar algumas delas ou eliminar aquelas que não são mais relevantes. A flexibilidade é fundamental para garantir que suas categorias reflitam com precisão sua situação financeira atual.

Uma maneira eficaz de gerenciar e acompanhar suas categorias de despesas é utilizar ferramentas de orçamento e aplicativos financeiros. Essas ferramentas podem ajudá-lo a organizar suas categorias, automatizar o rastreamento de despesas e fornecer análises detalhadas de seus gastos. Dessa forma, você terá uma visão clara de como está distribuindo seu dinheiro e poderá fazer as configurações conforme necessário.

O objetivo principal da categorização de despesas é fornecer clareza e controle sobre suas finanças. Ao personalizar suas categorias, você estará criando um sistema que se adapta às suas necessidades e compassividade, facilitando o acompanhamento de seus gastos e permitindo que você tome decisões financeiras mais controladas.

Portanto, não tenha medo de se adaptar e ajustar suas categorias de acordo com sua situação financeira e pessoal pessoal. Essa personalização irá ajudá-lo a ter um controle mais eficaz de suas finanças pessoais e construir uma base sólida para alcançar seus objetivos financeiros.

Além disso, é recomendável utilizar um método prático para registrar suas despesas, como planilhas eletrônicas ou aplicativos de controle financeiro. Isso facilitará o rastreamento de suas despesas e a análise de seus padrões de gastos ao longo do tempo.

Aqui estão alguns exemplos de métodos práticos para registrar suas despesas e controlar seus gastos:

- Planilhas eletrônicas: Use programas como Microsoft Excel, Google Sheets ou outras ferramentas de planilhas para criar sua própria planilha personalizada de registro de despesas. Você pode criar colunas para categorias de gastos, data, descrição e valor, facilitando o lançamento e a análise dos dados.

- Aplicativos de controle financeiro: Existem vários aplicativos disponíveis para smartphones que podem ajudar a registrar e controlar suas despesas de forma conveniente. Alguns exemplos populares incluem:

- Mint: Um aplicativo gratuito que permite acompanhar suas despesas, criar orçamentos e receber alertas sobre suas finanças.

- YNAB (You Need a Budget): Um aplicativo de orçamento que ajuda a priorizar seus gastos e a economizar dinheiro.

- PocketGuard: Permite acompanhar suas despesas, categorizar transações e definir metas financeiras.

- Expense Tracker: Um aplicativo simples e intuitivo para controlar despesas diárias.

- Softwares de gerenciamento financeiro: Se você preferir uma solução mais abrangente, pode optar por softwares de gerenciamento financeiro, como Quicken, Personal Capital ou Tiller Money. Esses programas oferecem recursos avançados para acompanhar despesas, criar orçamentos, gerenciar investimentos e planejar aposentadoria.

- Recibos e anotações manuais: Se preferir uma abordagem mais tradicional, você pode optar por manter uma pasta ou um caderno físico para guardar recibos e anotar suas despesas manualmente. Isso requer mais esforço e organização, mas ainda é uma maneira eficaz de rastrear suas despesas.

Escolha o método que melhor se adapte às suas necessidades e preferências pessoais. Lembre-se de registrar suas despesas regularmente e revisar seus dados periodicamente para identificar padrões de gastos, áreas de economia e tomar decisões informadas sobre suas finanças.

Capítulo 4

Monitoramento Regular de Gastos: A Chave para o Controle Financeiro

Quando se trata de monitorar os gastos, é importante ter uma abordagem sistemática. Comece registrando todas as despesas, sejam elas pequenas ou grandes. Isso inclui desde compras espontâneas, como alimentos e transporte, até despesas maiores, como contas de serviços públicos, aluguel ou pagamentos de ajudas. Utilize ferramentas como planilhas ou aplicativos financeiros para facilitar o registro e a categorização das despesas.

Ao categorizar suas despesas, é possível identificar padrões de gastos. Analise as categorias de gastos para entender onde a maior parte do seu dinheiro está sendo direcionada. Isso pode revelar áreas em que você está gastando mais do que o necessário ou áreas em que é possível fazer economias.

Além disso, é importante comparar seus gastos com o orçamento estabelecido. Verifique se você está seguindo as metas máximas e se suas despesas estão dentro dos limites definidos. Caso sejam observadas despesas excessivas, é necessário tomar medidas corretivas. Isso pode envolver reduzir gastos em certas áreas, renegociar contratos ou procurar alternativas mais econômicas.

Ao monitorar regularmente seus gastos, você também se mantém atento às mudanças em suas finanças. Isso inclui flutuações de renda, despesas inesperadas ou novos compromissos financeiros. Essas mudanças podem exigir ajustes em seu orçamento para garantir que você continue vivendo dentro de suas possibilidades.

Além disso, o monitoramento constante de gastos permite que você acompanhe seu progresso em relação a suas metas financeiras. Você poderá ver se está economizando o suficiente, enfrentando obrigações ou alcançando outros objetivos financeiros alcançados. Essa visão clara de seu progresso o motiva a continuar no caminho certo e fazer ajustes quando necessário.

É importante mencionar que o monitoramento de gastos não precisa ser uma tarefa tediosa. Com as tecnologias disponíveis atualmente, há uma variedade de aplicativos e programas financeiros que podem automatizar parte do processo, fornecendo análises e resumos de suas despesas de forma conveniente.

Aproveite essas ferramentas para simplificar o processo de monitoramento e torná-lo mais fácil e eficiente.

O monitoramento regular de gastos é fundamental para um controle financeiro eficaz. Ele permite que você tenha uma visão clara de como seu dinheiro está sendo gasto, identificando áreas de oportunidade para economia e tome medidas corretivas para manter-se dentro do orçamento estabelecido. Ao acompanhar de perto suas despesas, você estará no controle de suas finanças pessoais e construindo uma base sólida para uma vida financeira saudável e equilibrada.

Exemplos práticos:

1. Registre todas as despesas:

- Anote todos os seus gastos, incluindo pequenas despesas em dinheiro, pagamentos com cartão de crédito, débito ou transferências bancárias.

- Utilize uma planilha ou um aplicativo de controle financeiro para manter os registros organizados e acessíveis.

Exemplo:

- Café da manhã na padaria: R$10
- Combustível: R$50
- Jantar em um restaurante: R$80
- Pagamento de conta de luz: R$120
- Compras no supermercado: R$200
- Assinatura de streaming: R$20

2. Classifique suas despesas:
- Crie categorias relevantes para suas despesas, como alimentação, transporte, moradia, lazer, contas de serviços públicos, entre outros.

- Classifique cada despesa na categoria correspondente para uma análise mais precisa.

Exemplo:

- Alimentação: R$290 (Café da manhã, jantar e compras no supermercado)
- Transporte: R$50 (Combustível)
- Moradia: R$120 (Pagamento de conta de luz)
- Lazer: R$80 (Jantar em um restaurante)
- Assinaturas: R$20 (Assinatura de streaming)

3. Compare com seu orçamento:
   - Verifique regularmente se suas despesas estão alinhadas com o orçamento estabelecido.

- Compare o valor real gasto em cada categoria com o valor estimado ou planejado para identificar discrepâncias e ajustar o comportamento de gastos, se necessário.

Exemplo:

- Orçamento estimado para alimentação: R$300
- Valor real gasto em alimentação: R$290

4. Analise os padrões de gastos:
- Identifique padrões recorrentes em suas despesas, como altos gastos em determinadas categorias ou picos de gastos em períodos específicos.

- Use essas informações para tomar decisões conscientes sobre onde é possível economizar ou realocar recursos.

Exemplo:

- Gastos excessivos em lazer: R$80
- Identificação de áreas de corte de gastos: reduzir jantares fora de casa ou optar por opções mais econômicas.

5. Faça ajustes necessários:

- Com base na análise dos seus gastos, faça ajustes no seu comportamento financeiro, estabelecendo limites ou priorizando determinadas despesas.
- Considere realocar recursos de uma categoria para outra, se necessário, para equilibrar seu orçamento.

Exemplo:

- Reduzir gastos em lazer para alocar mais recursos para economias ou pagamento de dívidas.

Ao adotar esse modelo de monitoramento regular de gastos, você terá uma visão mais clara de como seu dinheiro está sendo gasto e poderá tomar decisões informadas para manter suas finanças sob controle. É importante revisar e atualizar seus registros regularmente para acompanhar as mudanças nos padrões de gastos e garantir uma gestão financeira saudável e sustentável.

Capítulo 5

Compreendendo a Importância do Orçamento

Compreender a importância do orçamento é fundamental para alcançar uma vida financeira saudável e próspera. Um orçamento bem planejado e executado oferece uma base sólida para tomar decisões controladas sobre como gerenciar seu dinheiro, controlar seus gastos e alcançar suas metas financeiras.

Ter um orçamento permite que você tenha consciência de como seu dinheiro está sendo gasto. Ele fornece uma visão clara de suas receitas e despesas, ajudando você a identificar onde seu dinheiro está indo e se há algum desequilíbrio financeiro. Isso lhe dá a oportunidade de ajustar seus gastos e priorizar suas despesas de acordo com suas metas e valores.

O orçamento coloca você no comando de suas finanças. Ao acompanhar seus gastos e receitas, você pode controlar seu dinheiro de forma eficaz. Isso evita gastos impulsivos, endividamento excessivo e ajuda a manter suas finanças em equilíbrio. Com o controle financeiro, você se torna mais consciente de suas escolhas de gastos e pode tomar decisões mais inteligentes em relação ao seu dinheiro.

Um orçamento bem garantido permite que você defina metas financeiras alcançáveis e acompanhe seu progresso na direção a elas. Seja economizar para uma viagem, pagar dívidas ou construir um fundo de emergência, o orçamento é a ferramenta que o ajudará a alcançar esses objetivos. Ele permite que você aloque recursos financeiros de maneira estratégica, direcionando seu dinheiro para as áreas que são mais importantes para você.

O orçamento é a base para um planejamento financeiro sólido. Ele ajuda a estabelecer um panorama financeiro claro e a tomar decisões com base em fatos e números reais. Com um orçamento, você pode antecipar despesas futuras, como impostos, contas sazonais ou gastos com educação, e se preparar com destino. O planejamento financeiro ajuda a evitar surpresas observadas e a criar uma base sólida para o seu futuro financeiro.

O orçamento é uma ferramenta eficaz para reduzir o estresse financeiro. Ao ter um controle claro sobre suas finanças e saber exatamente para onde seu dinheiro está indo, você se sente mais tranquilo e no controle de sua vida financeira. O orçamento proporciona uma sensação de segurança, permitindo que você tome decisões financeiras com confiança e evite preocupações constantes com dinheiro.

Compreender a importância do orçamento é o primeiro passo para uma gestão financeira bem-sucedida. É uma ferramenta poderosa que oferece consciência, controle, direção e tranquilidade em relação às suas finanças pessoais. Ao adotar um orçamento, você está construindo uma base sólida para alcançar seus objetivos financeiros e criar uma vida financeira estável e próspera.

Acompanhe seus gastos diariamente, semanalmente ou mensalmente, utilizando uma planilha, aplicativo de controle financeiro ou software especializado.

Compare seus gastos reais com as estimativas orçamentárias para identificar áreas em que você pode economizar ou ajustar seus gastos.

Estabelecendo limites de gastos:

Definir limites máximos para cada categoria de gastos é uma estratégia fundamental para manter suas finanças pessoais sob controle e garantir que você viva dentro de suas possibilidades.

Aqui estão algumas dicas:

Avalie suas despesas essenciais, comece identificando as despesas que são fundamentais para sua subsistência, como moradia, alimentação, transporte e contas básicas. Essas são as categorias de gastos que devem receber prioridade máxima em seu orçamento. Determine um limite mensal realista para cada uma delas, levando em consideração sua renda e suas necessidades básicas.

Estabeleça metas de economia, defina uma porcentagem ou um valor específico que você deseja economizar a cada mês. Considere suas metas financeiras de curto e longo prazo, como construir uma reserva de emergência, pagar dívidas ou fazer investimentos. Coloque a economia como uma despesa prioritária em seu orçamento e ajuste seus gastos em outras áreas, se necessário, para alcançar suas metas de economia.

Identifique gastos supérfluos, revise suas despesas e marque as áreas em que você pode fazer cortes ou reduções. Isso pode incluir gastos com entretenimento, refeições fora de casa, assinaturas de serviços necessários ou compras impulsivas. Defina limites máximos para essas categorias de gastos e esteja disposto a fazer ajustes para garantir que você não ultrapasse esses limites.

Priorize suas necessidades versus desejos, ao tomar decisões sobre gastos, avalie cuidadosamente se algo é uma necessidade real ou apenas um desejo.

Priorize suas necessidades essenciais e esteja disposto a abrir mão de gastos menos prioritários para manter suas finanças em equilíbrio.

Acompanhe seus gastos regularmente, mantenha um registro detalhado de seus gastos e verifique regularmente se você está respeitando os limites alcançados. Use planilhas, aplicativos de orçamento ou outras ferramentas financeiras para monitorar seus gastos e ter uma visão clara de como seu dinheiro está sendo utilizado. Isso ajuda você a identificar rapidamente quaisquer desvios e tomar medidas corretivas.

À medida que sua situação financeira e suas prioridades mudam, esteja aberto a fazer ajustes em seu orçamento. Às vezes, pode ser necessário reavaliar seus limites de gastos, realocar recursos ou repriorizar suas despesas. A flexibilidade é essencial para garantir que seu orçamento seja realista e com seus objetivos financeiros.

Ao definir limites paralelos para cada categoria de gastos e priorizar suas despesas essenciais, você tomará medidas concretas para controlar suas finanças pessoais. Lembre-se de que cada pessoa tem circunstâncias financeiras únicas, portanto, ajuste essas orientações de acordo com sua própria situação e objetivos. Com disciplina e consciência financeira, você estará construindo uma base sólida para uma vida financeira saudável e estável.

Capítulo 6

Controle de Gastos

O controle de gastos é um dos pilares fundamentais para alcançar uma saúde financeira sólida. Saber como gerenciar efetivamente seus gastos é essencial para equilibrar suas finanças, evitar dívidas independentes e alcançar suas metas financeiras.

O primeiro passo para o controle de gastos é ter consciência sobre onde seu dinheiro está sendo gasto. Analise suas despesas e acompanhe os padrões de gastos. Categorize seus gastos em áreas como moradia, alimentação, transporte, lazer, entre outros. Utilize ferramentas de controle financeiro, como planilhas ou aplicativos, para registrar e monitorar suas despesas.

Com base em sua análise de gastos, estabeleça um orçamento realista. Defina limites para cada categoria de gastos, levando em consideração sua renda e suas prioridades financeiras. Certifique-se de reservar uma reserva para economias e emergências. Acompanhe seu progresso regularmente e faça os ajustes necessários.

Adote uma mentalidade de consumo consciente ao fazer compras. Antes de comprar algo, avalie se é realmente necessário ou se é apenas um desejo momentâneo. Evite compras por impulso e pesquise preços, comparando diferentes opções antes de tomar uma decisão. Considere comprar itens usados ou optar por alternativas mais alegres sempre que possível.

Identifique gastos supérfluos em seu orçamento e trabalhe para eliminá-los. Pode ser uma assinatura de TV a cabo que você espera utilizar, refeições fora de casa em excesso ou compras desnecessárias. Reduza esses gastos supérfluos e redirecione esses recursos para objetivos financeiros mais importantes, como pagar dívidas ou aumentar suas economias.

Evite compras impulsivas estabelecendo o hábito de planejar suas compras com antecedência. Faça uma lista de compras antes de ir ao supermercado e evite fazer compras quando estiver com pressa ou emocionalmente abalado. Ao planejar suas compras, você poderá focar nas necessidades reais e evitar compras desnecessárias.

Mantenha-se atento aos seus gastos ao longo do tempo. Regularmente, revise suas despesas, analise seu progresso em relação ao seu orçamento e identifique as áreas onde você pode economizar ainda mais. Fique de olho nos padrões de gastos dos passageiros e tome medidas corretivas para manter seu controle financeiro.

Procure maneiras de reduzir seus gastos, sem comprometer sua qualidade de vida. Explore opções mais felizes para serviços como seguros, assinaturas e planos de telefone/internet. Considere a possibilidade de cozinhar em casa em vez de comer fora, usar o transporte público em vez de carro particular, entre outras alternativas que podem gerar economias de emergência a longo prazo.

Ter o controle de gastos é essencial para alcançar uma saúde financeira sólida. Ao praticar o consumo consciente, elimine gastos supérfluos, planeje compras e acompanhe seus gastos, você estará no caminho certo para alcançar suas metas financeiras. Lembre-se de que o controle de gastos é um processo contínuo e requer disciplina e comprometimento. Com desenvolvido e foco, você terá o controle necessário para construir uma base financeira sólida e alcançar a estabilidade financeira desejada.

Capítulo 7

Criar um orçamento eficiente

Um orçamento eficiente é a base para uma gestão financeira saudável e bem-sucedida. Ele permite que você tenha controle total sobre suas finanças, tome decisões controladas e alcance suas metas financeiras.

Antes de criar um orçamento, é importante entender sua situação financeira atual. Avalie suas receitas, despesas, dívidas, ativos e passivos. Tenha uma visão clara de sua renda mensal, suas obrigações financeiras e suas fontes de gastos.

Liste todas as suas fontes de renda, incluindo salários, rendimentos de investimentos, aluguéis, pensões ou qualquer outra forma de receita mensal.

Calcule o valor total de suas receitas paralelas e tenha em mente que é importante considerar uma média, caso suas receitas variem ao longo do ano.

Anote todas as suas despesas dançantes, tanto quanto fixas quanto variáveis. Despesas fixas incluem aluguel ou hipoteca, contas de serviços públicos, seguros, mensalidades, transporte e outras obrigações escolares que você deve pagar regularmente. Despesas variáveis englobam compras de supermercado, lazer, entretenimento e outras despesas que podem variar de mês para mês.

Liste todas as suas dívidas, como empréstimos estudantis, financiamentos de carros, empréstimos pessoais ou saldos de cartões de crédito. Anote o valor total de cada dívida, a taxa de juros associada e o pagamento mensal mínimo.

Identifique e avalie seus ativos financeiros, como contas bancárias, investimentos, imóveis ou qualquer outro bem de valor que você possuía. Essa análise fornecerá uma visão clara de seus recursos disponíveis e ajudará a entender sua posição financeira global.

Além das dívidas mencionadas acima, considere quaisquer outras obrigações financeiras que você possa ter, como pagamentos pendentes, contas médicas ou empréstimos de familiares. Cálculo do valor total de seus passivos.

Subtraia suas despesas totais (fixas e variáveis) de suas receitas totais. Isso lhe dará uma ideia de quanto dinheiro você tem disponível após o pagamento de suas obrigações pendentes.

Compare suas receitas disponíveis com suas despesas totais. Se suas despesas forem maiores que suas receitas, será necessário fazer ajustes em seu estilo de vida ou encontrar maneiras de aumentar sua renda. Se suas despesas forem menores que suas receitas, você terá a oportunidade de economizar, investir ou pagar dívidas mais rapidamente.

Defina metas financeiras realistas e específicas. Isso pode incluir economizar para uma viagem, pagar dívidas, criar uma reserva de emergência ou investir para aposentadoria. Ter metas claras ajudará a orientar suas decisões financeiras e manter o foco em alcançar seus objetivos.

Comece examinando cuidadosamente sua situação financeira atual. Isso envolve avaliar sua renda, despesas, dívidas, ativos e passivos. Reúna informações sobre sua renda mensal, incluindo salários, renda extra e outros recursos financeiros. Liste todas as suas despesas complementares, tanto fixas (como aluguel, empréstimos e contas fixas) quanto variáveis (como alimentação, entretenimento e transporte). Calcule seu patrimônio líquido, subtraindo suas dívidas de seus ativos (como poupanças, investimentos e propriedades).

Depois de ter uma compreensão clara de sua situação financeira atual, é hora de estabelecer metas financeiras realistas e específicas. Suas metas devem ser alcançáveis e mensuráveis. Por exemplo, você pode querer economizar uma quantia específica para uma viagem, pagar todas as suas dívidas em um determinado prazo, criar uma reserva de emergência equivalente a seis meses de despesas ou começar a investir para aposentadoria.

Uma vez que você definiu suas metas, é importante priorizá-las. Nem todas as metas podem ser alcançadas simultaneamente, então determine qual é a mais importante para você no momento. Pode ser útil estabelecer uma hierarquia de metas, identificando aqueles que são urgentes, como pagar dívidas com juros altos, e aqueles que são mais de longo prazo, como investir para aposentadoria.

Para tornar suas metas mais concretas, defina prazos e valores específicos. Determine quando você deseja alcançar cada meta e quanto dinheiro você precisará economizar, pagar ou investir. Essa especificidade ajuda a orientar suas decisões financeiras e manter o foco em seus objetivos.

Uma vez que suas metas estejam definidas, é hora de criar um plano de ação detalhado para realizá-las. Identifique as etapas necessárias para atingir cada meta, como reduzir despesas, aumentar sua renda, negociar taxas de juros com créditos, criar um orçamento rigoroso ou fornecer orientação financeira profissional.

À medida que você trabalha para alcançar suas metas financeiras, é importante monitorar regularmente seu progresso. Acompanhe suas economias, redução de dívidas ou crescimento de seus investimentos. Isso permitirá que você avalie seu desempenho, ajustes de fachada conforme necessário e celebre suas conquistas.

Divida suas despesas em categorias, como moradia, transporte, alimentação, educação, lazer, saúde e outras despesas fixas e variáveis. Isso ajuda a identificar áreas onde você está gastando mais e onde pode fazer ajustes para economizar.

1. Análise da situação financeira atual: Para começar, é fundamental ter uma visão clara de sua situação financeira atual. Isso envolve supervisionar suas receitas, despesas, dívidas, ativos e passivos. Aqui estão algumas etapas importantes a serem seguidas:

a. Calcule sua renda mensal: Determine quanto dinheiro você ganha regularmente. Isso pode incluir salários, rendimentos de investimentos, aluguéis, renda de freelancers, entre outros.

b. Liste suas despesas fixas: Identifique todas as despesas regulares que você tem a cada mês e que são consistentes, como aluguel de hipoteca ou, contas de serviços públicos, mensalidades de concessões, seguros, assinaturas, etc.

c. Registre suas despesas variáveis: Anote todas as despesas que podem variar de um mês para outro, como alimentação, transporte, entretenimento, roupas, cuidados pessoais, entre outros. Para obter uma imagem mais precisa, é recomendável registrar todas as suas despesas por um período de tempo, como um mês, por exemplo.

d. Avalie suas dívidas: Liste todas as suas dívidas, incluindo empréstimos estudantis, empréstimos de carro, cartões de crédito, entre outros. Anote os saldos pendentes, as taxas de juros e as parcelas paralelas.

e. Avalie seus ativos e passivos: Faça uma lista de seus ativos, como poupanças, investimentos, imóveis e outros bens de valor. Em seguida, liste seus passivos, como empréstimos, dívidas e obrigações financeiras.

Ao analisar sua situação financeira atual, você terá uma visão abrangente de sua saúde financeira, incluindo sua renda, despesas, dívidas e patrimônio líquido.

Uma vez que você tenha uma compreensão clara de sua situação financeira, é hora de categorizar suas despesas. Dividir suas despesas em categorias específicas para ajudar a identificar áreas onde você está gastando mais do que deveria e onde podem ser feitos ajustes para economizar. Aqui estão algumas categorias de despesas comuns:

a. Moradia: inclui aluguel, hipoteca, condomínio, seguro residencial, serviços públicos, reparos e manutenção.

b. Transporte: engloba gastos com carro, como gasolina, manutenção, seguro, impostos, pagamento de subsídios ou leasing, além de transporte público ou táxis.

c. Alimentação: inclui gastos com mercearia, refeições fora de casa, lanches, cafés e delivery.

d. Educação: abrange mensalidades escolares, cursos, materiais educacionais e despesas relacionadas à educação.

e. Lazer: engloba entretenimento, atividades de lazer, viagens, cinema, restaurantes, hobbies, entre outros.

f. Saúde: inclui despesas com seguro saúde, consultas médicas, medicamentos, planos odontológicos e despesas com bem-estar.

g. Outras despesas fixas e variáveis: aqui você pode incluir categorias adicionais relevantes para suas despesas pessoais, como seguro de vida, seguro de carro, roupas, cuidados pessoais, presentes, despesas com animais de comemoração, entre outros.

Registre todas as suas despesas regularmente. Isso pode ser feito manualmente em um caderno ou usando aplicativos financeiros disponíveis. Acompanhe seus gastos diariamente ou semanalmente para ter uma noção clara de onde seu dinheiro está sendo gasto. Isso também ajuda a identificar padrões de gastos e áreas onde você pode reduzir despesas.

Analisar sua situação financeira atual e acompanhar seus gastos são passos fundamentais para criar um orçamento eficiente. Aqui estão algumas orientações para realizar essas tarefas:

Analise sua situação financeira atual:

Identifique todas as fontes de renda que você possui, como salário, rendimentos de investimentos ou aluguéis.

Registre todas as suas despesas gerais, incluindo contas fixas (aluguel, hipoteca, serviços públicos), alimentação, transporte, entretenimento, dívidas, entre outros.

Subtraia suas dívidas totais de seus ativos totais para obter uma visão geral de sua situação financeira líquida.

Acompanhe seus gastos:

Decida se você prefere fazer o registro manualmente em um caderno ou usar aplicativos financeiros disponíveis para rastrear seus gastos.

Faça o registro de todas as suas despesas regularmente, preferencialmente diariamente ou semanalmente. Isso garantirá que você tenha uma visão atualizada de suas finanças.

Divida suas despesas em categorias, como moradia, alimentação, transporte, lazer, saúde, entre outras. Isso ajuda a identificar padrões de gastos e áreas em que você pode reduzir despesas.

Registre cada despesa, independentemente de quão pequena seja. Isso inclui desde grandes compras até pequenas despesas cotidianas, como um café ou lanche. Essa atenção aos detalhes o ajudará a ter uma visão completa de seus gastos.

Acompanhar seus gastos regularmente permitirá que você tenha uma noção clara de onde seu dinheiro está sendo gasto e ajude a identificar áreas onde você pode reduzir despesas e fazer ajustes. Além disso, ao analisar os padrões de gastos, você poderá tomar decisões mais difíceis sobre como alocar seu dinheiro de forma mais eficiente.

Ao criar um orçamento eficiente, é importante priorizar suas despesas de acordo com suas metas financeiras. Certifique-se de destinar uma parte de sua renda para gastos essenciais, como moradia, alimentação e saúde. Em seguida, aloque recursos para outras categorias de despesas, sempre considerando suas prioridades financeiras.

Ao analisar sua situação financeira atual, é crucial priorizar suas despesas de acordo com suas metas financeiras. Aqui estão alguns passos importantes para ajudá-lo a criar um orçamento eficiente e direcionar seus recursos de forma adequada:

Comece analisando suas despesas essenciais, aquelas que são necessárias para sua sobrevivência e bem-estar básico. Isso inclui despesas como moradia, alimentação, transporte, cuidados de saúde e educação. Liste todas essas despesas e atribua a elas uma parte fixa ou estimada de sua renda mensal.

Em seguida, é importante definir suas prioridades financeiras pessoais. Pergunte-se quais são seus objetivos de curto e longo prazo. Pode ser pagar dívidas, economizar para aposentadoria, investir em educação, comprar uma casa, viajar ou qualquer outra meta financeira que seja importante para você. Priorize essas metas de acordo com sua importância pessoal e atribua uma parte adequada de sua renda para cada uma delas.

Depois de identificar suas despesas essenciais e prioridades financeiras, estabeleça limites de gastos para as outras categorias. Isso inclui despesas como lazer, entretenimento, compras supérfluas e outras despesas discricionárias. Determine um valor razoável para cada categoria com base em sua renda disponível e prioridades financeiras. Lembre-se de ser realista e flexível, permitindo algum espaço para pequenos prazeres, mas sempre dentro dos limites.

Ao longo do tempo, você pode precisar fazer ajustes em suas prioridades e limites de gastos à medida que sua situação financeira evolui. Por exemplo, se você receber um aumento salarial, poderá aumentar suas contribuições para suas metas financeiras ou permitir-se um pouco mais de flexibilidade em suas despesas discriminatórias. Da mesma forma, se ocorrerem mudanças financeiras inesperadas, como a perda de emprego ou despesas médicas inesperadas, será necessário reavaliar suas prioridades e fazer os ajustes necessários para equilibrar suas finanças.

Um orçamento eficiente requer monitoramento e revisão contínua. Acompanhe suas despesas regularmente, compare-as com seu orçamento planejado e ajustes de fachada sempre que necessário. Isso garantirá que você esteja no caminho certo para alcançar suas metas financeiras e ajudar a evitar surpresas no futuro.

Ao priorizar suas despesas de acordo com suas metas financeiras, você estará construindo uma base sólida para um orçamento eficiente. Isso permitirá que você direcione seus recursos financeiros de forma adequada, garantindo que suas necessidades essenciais sejam atendidas e que você esteja progredindo em direção às suas metas financeiras.

Analise suas despesas e identifique aquelas que podem ser reduzidas ou eliminadas. Isso pode incluir gastos com refeições fora de casa, assinaturas de serviços não utilizados, compras por impulso ou entretenimento excessivo. Faça escolhas conscientes e elimine desperdícios para liberar mais recursos para suas metas financeiras.

Analisar sua situação financeira atual e reduzir despesas desnecessárias são passos fundamentais para melhorar sua saúde financeira e alcançar suas metas financeiras. Aqui está uma orientação detalhada sobre esses pontos-chave:

Analise sua situação financeira atual:

Avalie suas receitas: Faça uma lista de todas as suas fontes de renda, incluindo salários, renda extra, investimentos e qualquer outra entrada de dinheiro.

Liste suas despesas: Registre todas as suas despesas, desde as fixas, como aluguel, contas de serviços públicos, até as variáveis, como alimentação, entretenimento e transporte.

Calcule seu saldo líquido: Subtraia suas despesas totais de suas receitas totais para obter seu saldo líquido mensal. Isso ajuda a identificar se você está gastando mais do que ganha ou se há margem para economias.

Reduza as despesas desnecessárias:

Avalie seus hábitos de consumo: Analise suas despesas detalhadamente e identifique aqueles que podem ser reduzidos ou eliminados. Procure gastos em categorias como alimentação, lazer, transporte, vestuário e entretenimento.

Refeições fora de casa: Considere reduzir a frequência de comer em restaurantes ou pedir delivery. Opte por preparar suas refeições em casa, o que geralmente é mais econômico e saudável.

Assinaturas e serviços não utilizados: Revise suas assinaturas de streaming, academias, revistas ou qualquer outro serviço que você paga regularmente. Cancele aqueles que você não utiliza com frequência ou não traz valor significativo para sua vida financeira.

Compras por impulso: Evite compras impulsivas, especialmente aquelas que não são necessárias ou não estão dentro do seu orçamento. Antes de fazer uma compra, reflita se é algo realmente importante ou se pode ser adiado.

Entretenimento excessivo: Avalie seus gastos com entretenimento, como idas ao cinema, shows, eventos esportivos, etc. Considere reduzir a frequência dessas atividades ou buscar opções mais baixas, como eventos gratuitos ou promoções.

Faça escolhas conscientes e elimine desperdícios:

Estabeleça prioridades: Ao revisar suas despesas, marque o que é essencial e o que é supérfluo. Foque em direcionar seus recursos para as áreas que são mais importantes para você, como economizar para uma meta específica ou pagar dívidas.

Estabeleça um limite de gastos: Defina um limite mensal para certas categorias de despesas, como alimentação ou entretenimento. Isso ajuda a controlar seus gastos e evitar excessos.

Faça um planejamento de compras: Antes de fazer uma compra significativa, pesquise preços, compare opções e espere por promoções ou descontos. Essa prática pode ajudar a economizar dinheiro significativo ao longo do tempo.

Crie o hábito de poupar: Reserve uma parte do seu saldo líquido mensal para economias. Mesmo que seja uma quantia pequena, o importante é começar a construir o hábito de poupar regularmente.

A redução de despesas desnecessárias requer disciplina e comprometimento. Fazer escolhas conscientes e eliminar desperdícios liberará mais recursos para suas metas financeiras, permitindo que você economize, invista ou pague dívidas de maneira mais eficaz. Ao implementar essas práticas, você estará no caminho certo para alcançar uma saúde financeira sólida e alcançar seus objetivos financeiros de longo prazo.

Estabeleça um fundo de emergência: Um orçamento eficiente inclui a criação de um fundo de emergência. Reserve uma parte de sua renda mensal para criar uma reserva financeira que possa ser usada em caso de imprevistos, como despesas médicas inesperadas ou perda de emprego. Um fundo de emergência fornecerá segurança financeira e evitará o acúmulo de dívidas em momentos difíceis.

Analisar sua situação financeira atual e estabelecer um fundo de emergência são passos fundamentais para garantir estabilidade financeira e proteção contra imprevistos. Aqui está uma orientação mais detalhada sobre esses dois aspectos essenciais:

Antes de criar um orçamento eficiente, é crucial ter uma compreensão clara de sua situação financeira atual. Comece reunindo todas as informações relevantes, incluindo suas fontes de renda, despesas paralelas, dívidas pendentes, ativos e passivos.

Liste todas as suas fontes de renda, sejam elas recebidas, rendimentos de investimentos, aluguéis ou outros ganhos. Calcule sua renda líquida mensal, ou seja, o valor que você recebe após deduzir os impostos e outras deduções.

Anote todas as suas despesas musicais, desde as essenciais, como moradia, alimentação, transporte e serviços públicos, até as discricionais, como entretenimento e lazer. Inclui também despesas fixas, como pagamentos de empréstimos e parcelas de cartão de crédito.

Liste todas as suas dívidas, incluindo concessões estudantis, financiamentos de veículos, hipotecas ou qualquer outra forma de dívida pendente. Anote o valor total da dívida, como taxas de juros e os prazos de pagamento.

Avalie seus ativos, como contas de poupança, investimentos e propriedades, bem como seus passivos, como empréstimos ou dívidas pendentes. Tenha uma visão clara do valor líquido de seus ativos e passivos, ou seja, a diferença entre o valor total de seus ativos e suas dívidas.

Um fundo de emergência é uma reserva financeira essencial para lidar com imprevistos e garantir estabilidade financeira em tempos difíceis. Aqui estão algumas etapas para criar e gerenciar um fundo de emergência eficaz:

Determine o valor que você deseja economizar para o fundo de emergência. Recomenda-se ter de três a seis meses de despesas básicas como referência. No entanto, a meta pode variar dependendo da sua situação pessoal e nível de segurança desejado.

Faça do fundo de emergência uma prioridade em seu orçamento. Reserve uma parte de sua renda mensal especificamente para esse fim e coloque-o em uma conta separada, de fácil acesso, mas que não esteja vinculada a seus gastos regulares.

Determine um valor fixo ou uma porcentagem específica de sua renda mensal que você irá destinar ao fundo de emergência regularmente. Automatize esse processo, se possível, para garantir que o dinheiro seja poupado antes de você ter a chance de gastá-lo.

Se necessário, faça ajustes em seu estilo de vida para economizar mais rapidamente e atingir sua meta de fundo de emergência. Considere reduzir gastos supérfluos, negociar contas, buscar por oportunidades de economia e repensar hábitos de consumo necessários.

O fundo de emergência deve ser reservado exclusivamente para emergências e emergências, como despesas médicas, emergências ou perdas de emprego. Evite usá-lo para gastos não essenciais ou compras impulsivas.

Se você precisar usar parte ou todo o fundo de emergência em uma situação de crise, confirme-se de reabastecê-lo o mais rápido possível. Continue alocando uma parte de sua mensalidade para reconstruir seu fundo de emergência até alcançar novamente a meta estabelecida.

A criação de um fundo de emergência requer paciência e disciplina. No entanto, ter essa reserva financeira garante tranquilidade e segurança em face de imprevistos, permitindo que você se concentre em seus objetivos financeiros a longo prazo sem a preocupação de se endividar ou passar por dificuldades financeiras inesperadas.

Um orçamento eficiente não é algo estático, ele precisa ser verificado e ajustado regularmente. Acompanhe seu progresso, compare seus gastos reais com seu orçamento planejado e faça os ajustes necessários. Isso garantirá que você esteja no caminho certo para alcançar suas metas financeiras.

Criar um orçamento eficiente requer disciplina e comprometimento. Seja realista em suas expectativas e esteja disposto a fazer os requisitos necessários para alcançar seus objetivos financeiros. Com o tempo, você verá os benefícios de um orçamento bem protegido, que o ajudará a tomar o controle de suas finanças e construir um futuro financeiro sólido.

Capítulo 8

Calcule sua renda mensal

O primeiro passo para criar um orçamento é calcular sua renda mensal. Isso inclui todas as fontes de renda, como salário, renda de aluguéis, renda extra, entre outros. Certifique-se de considerar apenas os valores líquidos, ou seja, o montante que você realmente recebe apóes deduções de impostos e outras contribuições.

Liste suas despesas fixas

Liste todas as suas despesas fixas, qus são aquelas que ocorrem regularmente e têm um valor constante. Isso pode incluir:

- Aluguel ou hipoteca

- Contas de serviços públicos (conta de energia, água, internet, celular e outros).

- Pagamento do carro (parcela do fianciamento, IPVA, emplacamento e outros).

- Mensalidade escolar.

- Plano de saúde entre outros.

Registre suas despesas variáveis

Além das despesas fixas, você também deve considerar as despesas variáveis, que podem flutuar de um mês para outro. Isso pode incluir gastos com:

- Supermecado

- Transporte

- Entretenimento

- Refeições fora de casa, entre outros.

É importante revisar seus extratos bancários, recibos e anotações para ter uma ideia precisa de quanto você gasta em cada categoria.

Estabeleça metas realistas de economia e investimento

Defina metas realistas para economia e investimento com base em suas prioridades financeiras. Determine a porcentagem ou o valor fixo que você deseja reservar mensalmente para esses fins.

Por exemplo:

Você pode estabelecer uma meta de economizar 20% de sua renda ou investir uma quantia específica em um plano de previdência privada.

Faça ajustes e corte gastos desnecessários

Depois de ter uma visão clara de sua renda, despesas fixas, despesas variáveis e metas de economia, analise seu orçamento para identificar áreas onde é possível fazer ajustes e cortar gastos desnecessários. Considere maneiras de reduzir suas despesas variáveis, como escolher marcas mais econômicas ou encontrar alternativas mais acessíveis para seus gastos.

Acompanhe seu orçamento

Um orçamento só é eficaz, se você o acompanhar regularmente. Utilize planilhas financeiras, aplicativos ou ferramentas online para monitorar suas receitas e despesas. Revise seu orçamento mensalmente e faça os ajustes necessários para garantir que você esteja seguindo o plano e alcançando suas metas.

Seja flexível e revise seu orçamento

Um orçamento não é uma lista rígida e imutável. À medida que sua vida e circunstâncias financeiras mudam, é importante revisar e ajustar seu orçamento conforme necessário. Seja flexível e esteja aberto a fazer mudanças para melhor atender às suas necessidades e objetivos em constante evolução.

Ao calcular sua renda, listar despesas fixas, registrar despesas variáveis, estabelecer metas de economia, fazer ajustes e acompanhar regularmente seu orçamento, você estará no caminho certo para uma gestão financeira saudável.

Capítulo 9

Acompanhamento e controle das finanças

Analisar sua situação financeira atual é um passo fundamental para criar um orçamento eficiente. Ao acompanhar e controlar suas finanças, você estará ciente de sua posição financeira e poderá tomar decisões decisivas. Aqui está a importância desse processo para garantir a eficácia do seu orçamento e uma gestão financeira de forma saudável:

Ao analisar sua situação financeira, você obtém uma visão clara de suas receitas e despesas. Isso permite que você identifique sua capacidade de pagamento, conheça suas obrigações financeiras e entenda quanto dinheiro está disponível para alocar em diferentes áreas, como pagamento de dívidas, economias e investimentos.

Acompanhe suas despesas ou ajude a identificar padrões de gastos. Você poderá ver onde seu dinheiro está sendo gasto com mais frequência e em quais áreas específicas. Essa consciência é crucial para identificar possíveis excessos, desperdícios ou oportunidades de economia.

Com informações financeiras precisas, você pode tomar decisões controladas sobre como alocar seus recursos. Ao acompanhar suas receitas e despesas, você terá uma base sólida para avaliar suas opções e decidir onde investir seu dinheiro. Isso pode incluir escolhas sobre cortar gastos supérfluos, priorizar pagamentos de dívidas, aumentar as economias ou investir em ativos que gerem retorno.

Acompanhar suas finanças permite que você avalie seu progresso em relação às metas financeiras. Você poderá ver se está alcançando as metas de economia, ansiedade dívidas ou investindo conforme planejado. Esse monitoramento contínuo permite que você faça ajustes quando necessário, garantindo que esteja no caminho certo para atingir seus objetivos financeiros.

Ao acompanhar suas finanças de perto, você poderá identificar problemas financeiros precocemente. Isso inclui a detecção de gastos excessivos, dificuldades em cumprir obrigações financeiras ou qualquer situação que possa levar a dificuldades financeiras. Quanto mais cedo você identificar esses problemas, mais rápido poderá tomar medidas corretivas e evitar que eles se tornem maiores.

A vida financeira está em constante mudança. Acompanhar suas finanças permite que você se adapte a essas mudanças. Isso inclui mudanças em sua renda, despesas inesperadas ou mudanças em suas prioridades financeiras. Ao analisar sua situação financeira atual, você pode fazer os ajustes necessários em seu orçamento para garantir que ele continue eficaz e às suas necessidades.

Utilize ferramentas de acompanhamento financeiro

Existem várias ferramentas disponíves que podem ajudar no acompanhamento das finanças de forma eficiente.

Aqui estão alguns exemplos populares:

1. Planilhas eletrônicas

- Microsoft Excel

- Google Sheets

- Apple Numbers

Permitem criar planilhas personalizadas para registrar suas transações financeiras, categorizar despesas, calcular orçamentos e acompanhar seu progresso ao longo do tempo.

2. Aplicativos moveis

Existem diversos aplicativos móveis projetados especificamente para auxiliar no acompanhamento das finanças pessoais, como:

- Mint

- YNAB (You Need a Budget)

- PocketGuard

- Personal Capital

- Toshl Finance.

Esses aplicativos geralmente oferecem recursos como rastreamento de despesas, categorização automática, gráficos visuais, alertas de orçamento, integração bancária e sincronização em vários dispositivos.

3. Softwares de gestão financeira

Algumas pessoas preferem utilizar softwares mais avançados para gerenciar suas finanças. Exemplos populares incluem o Quicken, o QuickBooks e o Moneydance. Esses programas oferecem recursos abrangentes para o acopanhamento de receitas, despesas, investimentos, planejamento de orçamento e relatórios detalhados.

4. Ferramentas online

Existem também várias ferramentas online gratuitas, como:

- Personal Capital

- Clarity Money

- WalletHub

São ferramentas online que permitem acompanhar suas finanças diretamente no navegador. Essas ferramentas geralmente oferecem recursos semelhantes aos aplicativos móveis, com a vantagem de poderem ser acessadas em qualquer dispositivo com conexão à internet.

Capítulo 10

Registre todas as transações financeiras

Para manter um controle preciso das suas finanças, é fundamental registrar todas as suas transações financeiras de maneira detalhada, sejam elas de receitas ou despesas. Anote todos os valores, datas e categorias relevantes. Isso inclui gastos com compras, contas pagas, recebimento de salários e quais quer outras transações financeiras que ocorram ao longo do mês. Ao fazer isso, você terá um panorama claro de como está utilizando seu dinheiro e poderá identicar áreas onde é possível economizar ou ajustar seus gastos.

Existem diferentes métodos para registrar suas transações. Você pode utilizar planilhas eletrônicas, aplicativos financeiros ou até mesmo anotar manualmente em um caderno. Infependente do método escolhido, certifique-se de ser consistente e atualizar seus registros regularmente.

Ao registrar suas transações, é importante ser o mais detalhado possível. Inclua informações como o nome do estabelecimento, a descrição do item ou serviço adquirido, o método de pagamento utiliado e até mesmo a localização, se relevante. Isso ajudará a ter uma visão completa das suas finanças e facilitará a análise posterior.

Ao registrar suas transações, é importante ser o mais detalhado possível. Inclua informações como o nome do estabelecimento, a descrição do item ou serviço adquirido, o método de pagamento utilizado e até mesmo a localização, se relevante. Isso ajudará a ter uma visão completa das suas finanças e facilitará a análise posterior.

Manter um registro detalhado de todas as transações finanveiras oferece diversos benefícios. Você poderá ter uma visão clara dos seus padrões de gastos, identificar áreas em que é possível economizar, acompanhar o cumprimento do seu orçamento e tomar decisões mais informadas sobre seus hábitos financeiros.

Estabeleça metas de curto e longo prazo

Estabelecer metas de curto e longo prazo é fundamental para orientar suas decisões financeiras e ajudá-lo a alcançar seus objetivos finaceiros. Aqui estão algumas orientações para definir metas eficazes:

- Defina metas específicas: Suas metas devem ser claras e bem definidas. Em vez de estabelecer uma meta vaga, como "economizar dinheiro", defina algo mais específico, como "economizar R$ 5.000,00 em seis meses" ou pagar integralmente a dívida do cartão de crédito até o final do ano".

- Seja realista: Certifique-se de que suas metas seja alcançáveis e realistas, levando em consideração sua situação financeira atual. Leve em conta seus rendimentos, despesas e outras obrigações financeiras. Estabelecer metas inatingíveis pode levar à frustação e desmotivação.
- Estabelça metas de curto, médio e longo prazo: Divida suas metas em categorias de curto, médio e longo prazo. As metas de curto prazo podem ser alcançadas em até um ano, enquanto as de médio prazo têm um prazo de um a cinco anos. As metas de longo prazo, são aquelas que se

estendem além de cinco anos. Isso ajudará você a manter o foco e a acompanhar seu progresso ao longo do tempo.

- Priorize suas metas: Determine quais metas são mais importantes para você e estabeleça uma ordem de prioridade. Isso permitirá que você concentre seus esforços e recursos nas metas mais relevante, ajudando-o a progredir de forma consistente.

- Torne suas metas mensuráveis: Para acompanhar seu progresso, certifique-se de que suas metas sejam mensuráveis. Isso significa estabelecer um critério claro para avaliar se a meta foi alcançada ou não. Por exemplo, se sua meta é economizar R$ 10.000 em um ano, você pode acompanhar mensalmente quanto já economizou e verificar se está no caminho certo para atingir seus objetivo.

- Ajuste e atualize suas metas: À medida que sua situação finaceira ou suas prioridades mudam, é importante revisar e ajustar suas metas, se necessário. Não tenha medo de fazer alterações à medida que novas circunstâncias surgem. O importante é manter suas metas alinhadas com seus objetivos e aspirações atuais.

- Celebre suas conquistas: Ao atingir suas metas, celebre suas conquistas. Reconheça e recompense-se pelo seu esforço e dedicação. Isso ajudará a manter sua motivação e incentivá-lo a estabelecer novas metas desafiadoras.

Estabelecer metas financeiras é um processo pessoal e individual. Cada pessoa tem sua próprias aspirações e circunstâncias. O importante é definir metas que sejam relevantes para você e que o inspirem a fazer escolhas financeiras inteligentes e alcançar a vida fianceira que deseja.

Capítulo 11

Esteja atento as datas de pagamento e vencimento

O acompanhamento das finanças também envolve estar atendo às datas de pagamento e vencimento das suas contas. Certifique-se de registrar todas as datas relevantes e de fazer os pagamentos em dia para evitar atrasos e multas. Use lembrantes ou alarmes para ajudá-lo a lembrar-se das datas importantes. Esse controle garantirá que você esteja gerenciando suas finanças de forma responsável e evitando despesas desnecessárias.

A mudança de mentalidade financeira é um aspecto fundamental para alcançar estabilidade e sucesso financeiro. Ela envolve uma tranformação de crenças, atitudes e comportamentos em relação ao dinheiro.

- Reconheça a importância da mentalidade financeira: Antes de tudo, é essencial entender que a mentalidade financeira desempenha um papel crucial na gestão de dinheiro. A forma como pensamos e nos relacionamos com o dinheiro afeta nossas decisões financeiras diárias, nossos hábitos de consumo, nossas atitudes em relação às dívidas e nossas metas financeiras. Reconhecer a importância dessa mentalidade é o primeiro passo para promover uma mudança positiva.
- Cultive uma mentalidade da abundância: Uma mentalidade de abundância é aquela em que

acreditamos que ha recursos suficientes disponíveis e que podemos alcançar nossos objetivos financeiros. Em contraste, uma mentalidade de escassez se concentra na falta e no medo de não ter o suficiente. Cultivar uma mentalidade de abundância envolve a prática de gratidão, focando no que você já possui e acreditando que você tem a capacidade de criar mais abundância em sua vida.

- Eduque-se financeiramente: A educação financeira desempenha um papel fundamental na mendaça de mentalidade financeira. Invista tempo e esforço em aprender sobre conceitos básicos de finanças pessoais, como orçamento, economia, investimentos e gestão de dívidas. Existem muitos recursos disponíveis, como livros, cursos online, blogs e podcasts, que podem ajudar a expandir seus conhecimento financeiro.

Quanto mais você aprender sobre o assunto, mais confiança terá ao tomar decosões financeiras e mais capaz será de alcançar seus objetivos.

Os hábitos financeiros desempenham um papel significativo na construção de uma mentalidade financeira sólida. Desenvolva o hábito de criar e seguir um orçamento, economizar regularmente, evitar dívidas desnecessárias, fazer pesquisas antes de fazer compras, praticar o consumo consciente e buscar oportunidades de investimento. Esses hábitos ajudarão a fortalecer sua mentalidade financeira ao longo do tempo.

Ao longo da jornada financeira, é provável que você encontre obstáculos e cometa erros. É importante desenvolver resiliencia e aprender a lidar com o fracasso de maneira construtivo. Veja os erros como oportunidades de aprendizado e use-os como motivação para melhorar seus hábitos financeiros. Entenda que o crescimento financeiro é um processo contínuo e que você está no caminho certo, mesmo que enfrente contratempos.

A influência social desempenha um papel importante na forma como pensamos e nos comportamos em relação ao dinheiro. Procure se cercar de pessoas com uma mentalidade financeira positiva, que compartilhem objetivos similares e possam oferecer apoio e orientação. Participe de grupos ou comunidades de educação financeira, onde você pode compartilhar experiências e aprender com outras pessoas.

A mudança de mentalidade financeira é um processo contínio e pode levar tempo, mas é um passo importante para alcançar o sucesso financeiro. Cultivar uma mentalidade de abundância, educar-se financeiramente, desenvolver hábitos financeiros saudáveis, lidar com o fracasso de forma construtivo e cercar-se de pessoas com mentalidade financeira positiva são algumas das estratégias que podem ajudar nesse transformação. Lembre-se de que cada pequeno passo que você dá em direção a uma mentalidde financeira positiva é um progresso em direção a uma vida financeira mais próspera e satisfatória.